BEI GRIN MACHT SICH IHR WISSEN BEZAHLT

AF150808

- Wir veröffentlichen Ihre Hausarbeit, Bachelor- und Masterarbeit

- Ihr eigenes eBook und Buch - weltweit in allen wichtigen Shops

- Verdienen Sie an jedem Verkauf

Jetzt bei www.GRIN.com hochladen und kostenlos publizieren

Bibliografische Information der Deutschen Nationalbibliothek:

Die Deutsche Bibliothek verzeichnet diese Publikation in der Deutschen National-
bibliografie; detaillierte bibliografische Daten sind im Internet über http://dnb.d-
nb.de/ abrufbar.

Impressum:

Copyright © 2008 GRIN Verlag, Open Publishing GmbH
Druck und Bindung: Books on Demand GmbH, Norderstedt Germany
ISBN: 9783640545377

Dieses Buch bei GRIN:

http://www.grin.com/de/e-book/144385/rezension-zum-beitrag-was-es-heisst-kinder-
gottes-zu-werden-von-tobias

Sarah Marcus

Rezension zum Beitrag "Was es heißt, Kinder Gottes zu werden" von Tobias Nicklas

Aus der Zeitschrift: „Bibel und Liturgie 2005", S. 58 - 61

GRIN Verlag

Albert-Ludwigs-Universität Freiburg
Wintersemester 2007/2007
Theologische Fakultät
Seminar: Einführung in Sprache und Auslegung des Neuen Testaments
Sarah Marcus

Rezension zum Beitrag

„Was es heißt, Kinder Gottes zu werden" (Joh 1,12b)

Von Tobias Nicklas

Aus der Zeitschrift: „Bibel und Liturgie 2005", S. 58-61

Sarah Marcus

Datum: 15.2.08

Inhaltsverzeichnis

1. Einleitung

In dieser Rezension wird untersucht, inwiefern der Autor zu beweisen versucht, dass das Johannesevangelium und die Johannesbriefe inhaltlich eng miteinander verknüpft sind und weshalb es problematisch ist, allein anhand dieser Schriften den historischen Hintergrund und die Situation der johanneische(n) Gemeinden zu rekonstruieren. Ebenfalls wird berücksichtigt, welche Bedeutung diese beiden Texte im Gesamtkontext des NT haben und ob diese Texte Anspielungen auf andere Bibelstellen enthalten.

Ein anderer wichtiger Aspekt ist, wie der Titel schon sagt, die Bedeutung des „Kinder Gottes Werdens" im 1. Johannesbrief.

All diese Themen werfen viele Fragen auf. In dieser Rezension werden diese erwähnt und es wird untersucht, wie der Autor mit diesen umgeht und inwiefern er eine Antwort darauf zu finden versucht. Ein wichtiger Punkt wird auch die Argumentationsweise von Nicklas sein. Ein Versuch wird nämlich sein herauszufinden, welche Vorgehensweise in seiner Argumentation sichtbar ist, ob sie irgendein System oder irgendeine Reihenfolge enthält, welche Akzente er dabei setzt. Ebenso wird sein methodisches Vorgehen analysiert: welche seiner Aussagen basieren auf den synchronen, welche auf den diachronen Aspekt?

In dieser Rezension wird unter anderem auch mithilfe der Anregungen von Wilhelm Egger in „Methodenlehre zum neuen Testament"[1] analysiert. Hier wird nämlich genau erläutert, welches die Hinweise für den synchronen und diachronen Aspekt sind[2], welche sprachlichen Hinweise zu berücksichtigen sind. Interessant ist auch die darin erwähnte Berücksichtigung des Osterglaubens, der Tradition und des sozialen Umfelds.

---

[1] Egger, Wilhelm: Methodenlehre zum Neuen Testament. Einführung in linguistische und historisch- kritische Methoden, Freiburg 1987, S.32-45, 74-77, 159-161.
[2] Ebd 158ff

3

2. Zum Inhalt des Textes: welche Probleme spricht der Autor an?

In diesem Kapitel werden ausschließlich die Probleme erläutert, die Nicklas in seinem Aufsatz erwähnt. Seine Art und Reihenfolge in der Argumentation, seine genauere Vorgehensweise werden die Themen der nächsten Kapitel sein.

Zuerst nennt er die Bedeutung der Bezeichnung „1". Johannesbrief. Gleich darauf beschäftigt er sich mit der Frage, inwiefern dieser 1.Johannesbrief mit den anderen Johannesbriefen und dem Johannesevangelium sowohl sprachlich als auch inhaltlich zusammenhängt. Damit geht er sogar noch weiter: er möchte erläutern, inwiefern diese Texte dem Schluss der Bibel eine „johanneische Note" (S.48) verleihen, ja sogar die Bedeutung der Texte im Zusammenhang der gesamten Bibellektüre nennt er.

Zwischendurch legt er die Problematik bei der hypothetisch konstruierten Entstehungsgeschichte des Johannesevangeliums dar, diesbezüglich nennt er ein paar Punkte.

Später geht er wieder auf die Gemeinsamkeiten ein: anhand der ersten vier Verse des 1. Johannesbriefes zeigt er, dass diese beiden Schriften Ähnlichkeiten aufweisen, außerdem sucht er nach Anspielungen auf das Johannesevangelium. Ferner begründet er, weshalb er versuchen möchte, den 1.Johannesbrief anhand des Johannes-Evangeliums auszulegen.

Der nahezu größte Teil seines Aufsatzes jedoch besteht aus der Deutung und Interpretation dieser eben genannten Verse. Er nennt aus diesen Versen folgende Aspekte, die auch im Johannesevangelium vorkommen:

- das Fleisch gewordene Schöpfungswort Gottes, dessen Anfang Gott war, somit ist es auch ein erster Zugang zu Gott
- die Bedeutung des „Sehens"
- das Leben, beziehungsweise das „Wort des Lebens"

Aus diesen Punkten versucht Nicklas die Konsequenzen für die Bedeutung von Jesus für uns Menschen darzulegen.

Später versucht er zu begründen, weshalb man den Johannesbrief nicht vom Johannesevangelium getrennt betrachten kann, egal welcher Text in Wirklichkeit älter ist.

Inhaltliche Aspekte aus diesen Texten, die er nennt:

- Thomas, der den Auferstandenen berühren möchte, weil er nicht recht glauben will, was er sieht.

Daraus ergibt sich auch die Kette zwischen Gott Vater und dem Sohn Jesus und die Zeugen der Verkündigung (S.60) gewinnen an Bedeutung, ebenso die Gemeinschaft nach dem „testamentarischen Vermächtnis" (S.61) Jesu.

Den eigentlichen Titel seines Aufsatzes, das heißt die Bedeutung des Kinder Gottes Werden, erwähnt er nur am Schluss: wichtig dabei ist die Tatsache, dass man als Kind Gottes automatisch Anteil an der Liebe Gottes hat, er erwähnt auch, worin sich diese zeigt. Dieses bringt viele Konsequenzen mit sich, zum Beispiel im Umgang mit der Sünde.

3. Wie argumentiert der Autor? Sind gewisse Schwerpunkte zu erkennen?

Obwohl der erste Johannesbrief, wie schon erwähnt, mit den anderen Johannesbriefen und dem Johannesevangelium in Verbindung stehen muss (schon allein wegen der am Anfang genannten Nummerierung der Briefe, die erst später beigelegt wurde), stellt Nicklas gleich am Anfang die Problematik einer hypothetisch konstruierten Entstehungsgeschichte dar:
Seine erste Begründung dafür ist, dass das Johannesevangelium zwar „aus einer nachösterlichen Sichtweise das Christentum erzählerisch bewältigen"(S.59) möchte, dass es aber wegen mehrerer Probleme und Ereignisse, die in den johanneischen Gemeinden entstanden sind, mehrmals überarbeitet wurde. Deshalb wäre eine historische Rekonstruktion vor allem mit dem Versuch, ein geschichtliches Kontinuum darzustellen, sehr problematisch und wäre „eine Überforderung der Möglichkeiten historischer Kritik" (Ebd).
Ein anderes Problem ist, dass man nicht genau sagen kann, ob alle Johannesbriefe älter als das Johannesevangelium sind oder nur ein paar von diesen Briefen, ob überhaupt einer von den Johannesbriefen älter ist. Außerdem seien die Quellen, auf die sich das Johannesevangelium beruht, nicht bekannt, ebenso wisse man nicht, in welchem Stadium sie überarbeitet wurden.
Ferner stellt Nicklas zahlreiche Argumente für die Beziehung zwischen den Briefen und dem Evangelium dar:
Die Einheitlichkeit der johanneischen Sprache ist erkennbar, demnach müssen die Texte schon mal eine sprachliche Gemeinsamkeit haben.
 Die inhaltlichen Abweichungen und Widersprüche könnten bewusst eingesetzt worden sein, um den Leser herauszufordern und zum Nachdenken zu bewegen.
Ein Problem ist zwar, dass man nicht weiß, ob das Johannesevangelium für eine konkrete Gemeinde verfasst würde (wie die Briefe), oder ob es für ein breiteres Publikum gedacht war. Aber die Tatsache, dass das Johannesevangelium und die Johannesbriefe überhaupt im Kanon aufgenommen wurden, zeigt, dass sie, egal in welchem Kontext und aus welchem Grund, dem Leser einen sinnvollen Textzusammenhang bieten und ihn dazu einladen, neues zu entdecken und sich einer neuen Herausforderung zu stellen, da sie als ein Teil der Bibel

gelesen werden können. Wenn ein Text mit einem anderen in Verbindung gebracht werden kann, ist das Verständnis besser. Tatsache ist auch, dass sich die beiden Texte gegenseitig bereichern, egal ob der Johannesbrief oder das Evangelium älter ist.

Ferner werden auf Seite 60 einige Anspielungen des Johannesbriefes auf das Buch Genesis genannt (s.60):

Das aus 1Joh 1 „was von Anfang an war" ist eine Anspielung auf Gen 1,1, aber auch auf den Anfang des Johannesevangeliums: das „Fleisch gewordene Schöpfungswort Gottes, das Im Anfang nicht nur bei Gott, sondern auch Gott selbst war".

Außerdem nennt Nicklas eine andere Gemeinsamkeit mit dem Buch Genesis: das „Wort des Lebens" von dem gesprochen werden kann, weil nichts ohne dieses Wort geworden ist (Joh 1,3b), ist gleichzeitig das „Wort der Schöpfung im Anfang" (Gen 1,1;Joh1,1).

Nicklas bringt ferner zahlreiche Belege, die den Zusammenhang zwischen den Johannesbriefen und dem Evangelium aufzeigen sollen (S.61):

Die Aussage von Jesus „ich bin die Auferstehung und das Leben"(11,25), die wiederum stark mit dem „Wort des Lebens" aus dem 1. Johannesbrief verbunden ist, da beide Aussagen für das ewige Leben stehen. Der Aspekt vom „ewigen Leben" erscheint auch in Joh 20,25, da zweifelt Thomas an der Auferstehung Jesu, weil er Jesus berühren möchte, um sich zu vergewissern.

Erst am Schluss argumentiert der Autor mit seiner These über die Bedeutung Kinder Gottes zu werden (S.61). In den drei Johannesbriefen gibt es Hinweise dafür:

a) Das Thema Sünde: in der Gemeinschaft mit Gott ist einerseits der einzelne durch das Blut Jesu von der Sünde gereinigt (1 Joh 1,7b). Um „Missverständnisse" zu vermeiden, heißt es aber in 1 Joh 1,9): „nur dem, der bekennt, wird Sühne zuteil". Das würde dem Menschen dazu bringen, nicht mehr zu sündigen, was ihn wiederum zum Kind Gottes machen würde.

Es heißt auch in 1Joh 5,18: „wer von Gott stammt, sündigt nicht"

Liebe (die Liebe zu Gott und den Geschwistern durch den Glaubenden, siehe 1Joh 4,11) bedeutet wiederum Anteil am Wort des Lebens zu haben und zum ewigen Leben zu gehören (1Joh 3,14-24). Das heißt gleichzeitig auch, dass man die Ablehnung des Gotteswortes, die im Johannesevangelium vorkommt, ablösen muss und sie durch den eigenen Glauben besiegen soll. Die Vollkommenheit der Liebe und des Glaubens zeigt sich in 1 Joh 4,17 in der Zuversicht vor dem Tag des Gerichts.

Kinder Gottes zu sein und zu glauben, dass „Jesus der Christus" ist (1Joh 5,1) werden wiederum als Liebesgabe Gottes verstanden. Das „Kinder Gottes Werden" ist also eng mit der Liebe verbunden, die in der Bibel immer wieder vorkommt.

4.   Argumente mit synchronem Aspekt[3]

Die Frage, inwiefern die Texte dem NT eine johanneische Note verleihen, kann man als synchron betrachten, wenn man den Text hinsichtlich der Wortwahl analysiert. Nicklas erwähnt zum Beispiel das Fleisch gewordene Schöpfungswort Gottes (S.60). Die Feststellung, dass das Leben schaffende Wort auch im Buch Genesis vorkommt, das allgemeine Suchen von inhaltlichen Gemeinsamkeiten innerhalb von verschiedenen Bibeltexten, die in deren Ursprung und Entstehungsgeschichte nichts miteinander zu tun haben, das alles basiert auf das Synchrone. Das Deuten des theologischen Gehalts der im vorigen Kapitel genannten Wendungen und das Deuten der Überschrift dieses Aufsatzes gehören auch zur synchronen Methode. Somit ist die Aussage, dass sich die beiden Texte (der 1. Johannesbrief und das Johannesevangelium) inhaltlich ergänzen und somit die Lektüre im Zusammenhang beider Texte reicher macht, synchron. Dasselbe gilt bei der Analyse der Wirkung eines Textes auf den Leser.

Andere inhaltliche Gesichtspunkte, die Nicklas erwähnt und die zum synchronen Aspekt gehören, weil sie im Vergleich zu anderen Textstellen herangezogen werden, sind:

-Der Zweifel an der Auferstehung und somit auch am ewigen Leben (20,25) und die daraus notwendige Verkündigung (Joh 1,2-3), ebenso die Abschiedsreden des Johannes-evangeliums(z.B.14,20;15,4).

-Die Bedeutung Kinder Gottes zu sein, was Auswirkungen auf das Sündigen, auf die Liebe Gottes und der Nächstenliebe allgemein und auf das Leben mit Gott in der Gemeinschaft der Heiligen hat, wird im 1.Johannesbrief immer wieder angedeutet.

-Die Gemeinschaft mit Gott, die Liebe Gottes und die geschwisterliche Liebe spielen in der gesamten Bibel eine wichtige Rolle, egal ob im Alten oder Neuen Testament.

Die These, dass die Spannungen, Doppelungen und Widersprüche innerhalb der Texte als Herausforderung für den Leser gedacht sein könnten, basiert auf dem synchronen Aspekt, da mit dieser These ein sprachliches Problem angesprochen wird.

---

[3] Nach den Kriterien aus Egger Wilhelm: Methodenlehre zum Neuen Testament. Einführung in linguistische und historisch-kritische Methoden, Freiburg 1987, S. 32-45, 74 ff, 158ff.

5. Argumente mit diachronem Aspekt

Die These, in welcher man davon ausgeht, dass das Johannesevangelium und die Johannesbriefe von einem bestimmten johanneischen Kreis verfasst wurden, ist diachron, weil damit die Entstehungsgeschichte angesprochen wird. Die Schwierigkeit jedoch, die Entstehungsgeschichte dieser Schriften zu rekonstruieren, begründet Nicklas folgendermaßen: das Johannesevangelium erzählt aus der nachösterlichen Sichtweise und möchte das Christusereignis erzählerisch bewältigen. Da dieses in einer bestimmten Perspektive geschieht, kann man davon ausgehen, dass der Text mehrfach rekonstruiert wurde. Somit wäre die Rekonstruktion von Ereignissen, mit denen sich die johanneische Gemeinde konfrontiert sah „eine Überforderung der Möglichkeiten historischer Kritik" (S.59).

Damit kommt auch der „Sitz im Leben" zum Ausdruck.

Auch die Frage, ob die ‚Johannesbriefe älter sind oder das Evangelium ist ein Teil der Entstehungsgeschichte, ebenfalls die Frage, in welchen Stadien die Briefe überhaupt bearbeitet wurden.

Das soziale Umfeld, was auch ein diachroner Aspekt ist, findet sich auch in der Frage, ob die Texte für eine bestimmte Gemeinde geschrieben wurden oder ob doch ein breiteres Publikum im Auge war.

Die Information, dass die Texte Teil des christlichen Kanons heiliger Schriften wurden, ist ein Teil der Entstehungsgeschichte.

Unbedingt noch zu erwähnen wäre, dass der Übergang vom Synchronen zum Diachronen und umgekehrt häufig fließend ist und man deshalb häufig nicht klar sagen kann, ob ein Aspekt nun synchron oder diachron ist.

6. Wie ist in diesem Aufsatz das Verhältnis zwischen den Aussagen mit synchronem und diachronem Aspekt?

Beim Lesen des Aufsatzes fällt auf, dass der Autor hauptsächlich synchron argumentiert. Wenn er diachrone Aspekte anspricht, dann erwähnt er nur ein paar Punkte über die Entstehungsgeschichte, diese sind nicht zahlreich. Ein Grund dafür ist, dass man, wie schon erwähnt, nichts Genaues über die Entstehungsgeschichte sagen kann, es können nur Hypothesen erstellt werden. Aber das Ziel des Autors bestand nun mal nicht darin. Die diachrone Beobachtungsweise findet sich überwiegend in der ersten Hälfte des Aufsatzes. Der Schwerpunkt liegt eindeutig in der synchronen Beobachtungsweise. Schon allein die Überschrift dieses Aufsatzes zeigt dieses: der Autor möchte auf eine bestimmte Aussage, beziehungsweise auf einem bestimmten Ausdruck hinweisen: „Kinder Gottes".

Um dessen Bedeutung erschließen zu können hat Nicklas versucht, Zusammenhänge mit diesem „Ausdruck" in anderen Textstellen zu finden. Um dieses überhaupt tun zu können, muss man mit der griechischen Sprache vertraut sein, da man auch die johanneische Sprache verstehen möchte.

Dabei kann historisches Hintergrundswissen natürlich sehr hilfreich sein.

Nicklas konzentriert sich jedoch auf die inhaltliche, sprachliche Bedeutung, was auch Schwerpunkt seines Aufsatzes ist. Er möchte da jedoch in erster Linie beweisen, dass das Johannesevangelium und die Johannesriefe sowohl inhaltlich als auch sprachlich eng miteinander in Verbindung stehen, hierfür argumentiert er nahezu ausschließlich mit der synchronen Methode.

Schlussteil

Nicklas hat also, wie mehrfach schon erwähnt, in erster Linie versucht zu beweisen, dass das Johannesevangelium und die Johannesbriefe (vor allem der 1. Johannesbrief) inhaltlich eng miteinander verknüpft sind. Dieses hat er gezeigt, indem er aus jeweils verschiedenen Textstellen sinnähnliche Aussagen in Betrachtung gezogen hat. Dabei kommt also der synchrone Aspekt am deutlichsten zum Vorschein. Der Titel seines Aufsatzes, die Bedeutung „Kinder Gottes" zu werden, macht in Wirklichkeit nur einen kleinen Teilaspekt seiner Beobachtungen in diesem Aufsatz aus, außerdem wird dieser Aspekt erst am Schluss erwähnt. Der Leser, der die Überschrift dieses Aufsatzes liest, könnte erwarten, dass die Bedeutung des „Kinder Gottes" Seins von Anfang an angesprochen wird und nicht erst am Schluss darauf hingewiesen wird, oder zumindest, dass der Autor dem Leser hinweist, dass dieses Problem erst später im Aufsatz angesprochen wird.

Die Argumente, die Nicklas für die inhaltlichen Zusammenhänge innerhalb der Texte nennt, scheinen einleuchtend und schlüssig.

Andererseits könnte sich wiederum die Frage ergeben, ob diese inhaltlichen Zusammenhänge überhaupt beweisbar sind, ob sie nicht doch auf reine Interpretation beruhen.

Die These, dass die widersprüchlichen Formulierungen innerhalb der beiden Texte eine Herausforderung des Lesers als Ziel haben könnten, mag manchem Leser gewagt vorkommen. Die Texte wollen ja schließlich in erster Linie die frohe Botschaft Gottes und Jesu dem Menschen möglichst zugänglich und verständlich machen. Da wäre die eben genannte „Herausforderung" eher eine Behinderung zum Zugang zu Gott und Jesus für den Menschen, was sicherlich nicht die Absicht der Texte war.

In dem Zusammenhang wäre es deshalb interessant weiter nachzuforschen, ob es Aufsätze gibt, die ganz gegensätzliche Thesen vertreten und wenn ja, dann zu untersuchen wie dort argumentiert wird.

Da der Autor, wie schon erwähnt, ebenfalls der Meinung ist, dass der historische Hintergrund des Johannesevangeliums und der Briefe nicht rekonstruierbar wären, wäre es darüber hinaus interessant zu erforschen, wie schlüssig die Argumente der Wissenschaftler sind, die gerade das Gegenteil behaupten.

Literaturverzeichnis

-Tobias Nicklas: Was es heißt, „Kinder Gottes zu werden", der 1.Johannesbrief für Leser des Johannesevangeliums, in: Bibel und Liturgie 2005, S.58-61

-Egger, Wilhelm: Methodenlehre zum Neuen Testament. Einführung in linguistische und historisch-kritische Methoden, Freiburg 1987

BEI GRIN MACHT SICH IHR WISSEN BEZAHLT

- Wir veröffentlichen Ihre Hausarbeit, Bachelor- und Masterarbeit

- Ihr eigenes eBook und Buch - weltweit in allen wichtigen Shops

- Verdienen Sie an jedem Verkauf

Jetzt bei www.GRIN.com hochladen und kostenlos publizieren